When I Am Gloomy
Cuando Estoy Triste

Sam Sagolski
Illustrated by Daria Smyslova

www.kidkiddos.com
Copyright ©2025 by KidKiddos Books Ltd.
support@kidkiddos.com

Translated from English by Cilia Khoudari
Traducido del inglés por Cilia Khoudari

Library and Archives Canada Cataloguing in Publication
When I Am Gloomy (English Spanish Bilingual edition)/Shelley Admont
ISBN: 978-1-83416-792-3 paperback
ISBN: 978-1-83416-793-0 hardcover
ISBN: 978-1-83416-791-6 eBook

Please note that the English and Spanish versions of the story have been written to be as close as possible. However, in some cases they differ in order to accommodate nuances and fluidity of each language.

One cloudy morning, I woke up feeling gloomy.

Era una mañana nublada y me desperté triste.

I got out of bed, wrapped myself in my favorite blanket, and walked into the living room.

Me levanté de la cama, me envolví en mi manta y caminé hacia la sala.

"Mommy!" I called. "I'm in a bad mood."
"¡Mami!" llamé. "Estoy de mal humor."

Mom looked up from her book. "Bad? Why do you say that, darling?" she asked.
Mamá apartó la mirada de su libró. "¿De mal humor? ¿Por qué dices eso, cariño?" preguntó.

"Look at my face!" I said, pointing to my furrowed brows. Mom smiled gently.
"¡Mira mi cara!" dije, señalando mis cejas fruncidas. Mamá sonrió suavemente.

"I don't have a happy face today," I mumbled. "Do you still love me when I'm gloomy?"
"No tengo una cara feliz hoy," murmuré. "¿Todavía me amas, aunque esté triste?"

"Of course I do," Mom said. "When you're gloomy, I want to be close to you, give you a big hug, and cheer you up."

"Por supuesto que sí," dijo mamá. "Cuando estás triste, solo quiero estar cerca de ti, darte un abrazo grande y animarte."

That made me feel a little better, but only for a second, because then I started thinking about all my other moods.

Eso me hizo sentir un poco mejor, pero solo por un segundo, porque luego empecé a pensar en todos mis otros estados de ánimo.

"So... do you still love me when I'm angry?"
"¿Y si estoy enojada? ¿Todavía me amas?"

Mom smiled again. "Of course I do!"
Mamá sonrió de nuevo. "¡Por supuesto que sí!"

"Are you sure?"
I asked, crossing
my arms.
"¿Estás segura?"
pregunté,
cruzando los
brazos.

"Even when you're mad, I'm still your mom. And I love you just the same."

"Incluso cuando estás enojada, sigo siendo tu mamá. Y te sigo amando igual."

I took a big breath. "What about when I'm shy?" I whispered.

Tomé una bocanada de aire, "¿Y qué pasa cuando estoy tímida?"

"I love you when you're shy too," she said. "Remember when you hid behind me and didn't want to talk to the new neighbor?"

"También te amo cuando eres tímida," dijo ella. "¿Recuerdas cuando te escondiste detrás de mí y no querías hablar con el vecino nuevo?"

I nodded. I remembered it well.

Asentí. Lo recordaba muy bien.

"And then you said hello and made a new friend. I was so proud of you."

"Y luego lo saludaste y te hiciste un amigo nuevo. Estaba tan orgullosa de ti."

"Do you still love me when I ask too many questions?" I continued.

"¿También me amas cuando hago muchas preguntas?" continué.

"When you ask a lot of questions, like now, I get to watch you learn new things that make you smarter and stronger every day," Mom answered. "And yes, I still love you."

"Cuando haces muchas preguntas, como ahora, te veo aprender cosas nuevas y volverte más inteligente y fuerte cada día," respondió Mamá. "Y sí, todavía te amo."

"What if I don't feel like talking at all?" I continued asking.
"¿Qué pasa si no tengo ganas de hablar en absoluto?" seguí preguntando.

"Come here," she said. I climbed into her lap and rested my head on her shoulder.
"Ven aquí," dijo ella. Me subí a su regazo y apoyé mi cabeza en su hombro.

"When you don't feel like talking and just want to be quiet, you start using your imagination. I love seeing what you create," Mom answered.

"Cuando no tienes ganas de hablar y solo quieres estar en silencio, empiezas a usar tu imaginación. Me encanta ver lo que creas," respondió Mamá.

Then she whispered in my ear, "I love you when you're quiet too."

Luego susurró en mi oído, "Te amo cuando estás en silencio también."

"But do you still love me when I'm afraid?" I asked.

"¿Pero todavía me amas cuando tengo miedo?" pregunté.

"Always," said Mom. "When you're scared, I help you check that there are no monsters under the bed or in the closet."

"Siempre," dijo Mamá. "Cuando tienes miedo, te ayudo a revisar que no haya monstruos debajo de la cama o en el armario."

She kissed me on the forehead. "You are so brave, my sweetheart."

Me dio un beso en la frente. "Eres muy valiente, mi cielo."

"And when you're tired," she added softly, "I cover you with your blanket, bring you your teddy bear, and sing you our special song."

"Y cuando estás cansada," agregó suavemente, "te arropo con tu manta, te traigo tu oso de peluche y te canto nuestra canción especial."

"What if I have too much energy?" I asked, jumping to my feet.

"¿Y si tengo mucha energía?" pregunté, levantándome de un salto.

She laughed. "When you're full of energy, we go biking, skip rope, or run around outside together. I love doing all those things with you!"

Ella se rió. "Cuando estás llena de energía, vamos a andar en bicicleta, a saltar la cuerda o a correr juntas afuera. ¡Me encanta hacer todas esas cosas contigo!"

"But do you love me when I don't want to eat broccoli?" I stuck out my tongue.

¿Pero todavía me amas cuando no quiero comer brócoli?" saqué la lengua.

Mom chuckled. "Like that time you slipped your broccoli to Max? He liked it a lot."

Mamá se rió a carcajadas. "¿Cómo la vez que le diste tu brócoli a Max a escondidas? A él le gustó mucho."

"You saw that?" I asked.
"¿Lo viste?" pregunté.

"Of course I did. And I still love you, even then."
"Claro que sí. Y aun así, te amo, incluso en esos momentos."

I thought for a moment, then asked one last question:

Me quedé pensando por un momento y luego hice una última pregunta:

"Mommy, if you love me when I'm gloomy or mad...
do you still love me when I'm happy?"

*"Mami, si me amas cuando estoy triste o enojada...
¿todavía me amas cuando estoy feliz?"*

"Oh, sweetheart," she said, hugging me again, "when you're happy, I'm happy too."

"Oh, cielo," dijo abrazándome de nuevo, "cuando estás feliz, yo también soy feliz."

She kissed me on the forehead and added, "I love you when you're happy just as much as I love you when you're sad, or mad, or shy, or tired."

Me dio un beso en la frente y agregó, "Te amo cuando estás feliz igual que cuando estás triste, enojada, tímida o cansada."

I snuggled close and smiled. "So… you love me all the time?" I asked.

Me acurruqué con ella y sonreí. "¿Entonces... me amas todo el tiempo?" pregunté.

"All the time," she said. "Every mood, every day, I love you always."

"Todo el tiempo," dijo ella. "Cada estado de ánimo, cada día, siempre te amo."

As she spoke, I started feeling something warm in my heart.

Mientras hablaba, empecé a sentir algo cálido en mi corazón.

I looked outside and saw the clouds floating away. The sky was turning blue, and the sun came out.

Miré hacia afuera y vi las nubes alejándose. El cielo se estaba volviendo azul y salió el sol.

It looked like it was going to be a beautiful day after all.

Parecía que iba a ser un hermoso día después de todo.

www.ingramcontent.com/pod-product-compliance
Lightning Source LLC
Chambersburg PA
CBHW060620070526
44654CB00011B/186